돼지학교에 오신 것을 환영합니다!

백명식 글·그림

강화에서 태어나 서양화를 전공했습니다. 출판사 편집장을 지냈으며, 다양한 분야의 책과 사보, 잡지 등에 그림을 그리고 있습니다. 특히 어린이들이 좋아하는 책을 쓰고 그릴 때 가장 행복하다고 합니다. 그린 책으로는 《WHAT 왓? 자연과학편》《책 읽는 도깨비》《자연을 먹어요 시리즈》 등이 있으며, 쓰고 그린 책으로는 《인체과학 그림책 시리즈》《돼지학교 과학 시리즈》《저학년 스팀 스쿨 시리즈》 등이 있습니다. 소년한국일보 우수도서 일러스트상, 중앙광고대상, 서울일러스트상을 받았습니다.

이정 감수

초등수학교육과를 졸업하고, 현재 서울대광초등학교에서 아이들을 가르치고 있습니다. 2009, 2007 개정 수학교과서 집필위원으로 참여했으며 교육청 영재교육원과 지역공동 영재학급, 서울교대 부설 영재교육원에서 강의하고 있습니다. 전국수학교사모임 초등부 국장을 맡고 있습니다.

전국수학교사모임(The Korean Society of Teachers of Mathematics) 추천

수학 교육의 발전과 수학의 대중화를 목적으로 결성된 수학 교사들의 연구 단체입니다. 수학 교육의 발전과 전망을 위해 연구하고 자료를 개발합니다. 수학 교육이 나아갈 길을 찾고 아이들과 함께하는 수학 수업이 되도록 꾸준히 연구하고 있습니다.

돼지학교 수학 10

무기를 되찾으러 간 돼지

백명식 글·그림 | 이정(전국수학교사모임) 감수

초판 인쇄일 2015년 10월 20일 | **초판 발행일** 2015년 10월 31일
펴낸이 조기룡 | **펴낸곳** 내인생의책 | **등록번호** 제10호-2315호
주소 서울시 영등포구 당산동 4가 80 당산 SKV1 Center W1801호
전화 (02)335-0449, 335-0445(편집) | **팩스** (02)6499-1165
전자우편 bookinmylife@naver.com | **홈카페** http://cafe.naver.com/thebookinmylife
편집장 이은아 | **편집1팀** 신인수 조정우 이다겸 김예지 | **편집2팀** 강성구
디자인 안나영 김지혜 | **마케팅** 김정삼 | **경영지원** 김지연

ISBN 979-11-5723-222-2 (74410)
ISBN 979-11-5723-135-5 (세트)

ⓒ 백명식, 2015

책값은 뒤표지에 있습니다.
잘못된 책은 구입처에서 바꾸어 드립니다.

이 도서의 국립중앙도서관 출판시도서목록(CIP)은 e-CIP홈페이지(http://www.nl.go.kr/ecip)와 국가자료공동목록시스템(http://www.nl.go.kr/kolisnet)에서 이용하실 수 있습니다. (CIP제어번호: CIP2015028060)

돼지학교 수학 10

무기를 되찾으러 간 돼지

원과 원주율

백명식 글·그림 | 이정(전국수학교사모임) 감수

내인생의책

이제 마왕과 싸울 준비를 해야 해.
하지만 마왕에게 몽땅 빼앗긴 매틱 별의 무기 없이는 힘든 일이야.
"수학 마녀님께 도움을 청해 보면 어떨까?"
꾸리의 말에 돼지 삼총사와 큐리, 어스는 한걸음에
수학 마녀의 집으로 달려갔어.
"마녀님, 매틱별의 무기를 되찾으려면 어떻게 해야 할까요?"
큐리가 간절한 눈빛으로 쳐다보며 말했어.
수학 마녀는 생각에 잠기더니 요술 거울을 꺼내
이상한 주문을 외웠어.
"보사여사라사, 얍!"

그러자 거울 속에 무언가 나타났어.
"고대에 지어진 원형 요새 지하에 무기를 감추어 두었군.
무기를 찾아오려면 원에 대해 알아야겠어."
수학 마녀의 말에 눈이 휘둥그레진 삼총사는 한목소리로 외쳤어.
"원이라고요?"
"그렇단다. 사자가 지하 창고를 지키고 있는데
원에 대한 문제를 풀어야만 들어갈 수 있어."

큐리와 어스를 위해서라면 공부도 열심히 하는 돼지 삼총사!
친구의 고향, 매틱 별을 구하기 위해 다 같이 원에 관한 수업을 받기로 했어.
수학 마녀는 정말 모르는 것이 하나도 없었어.
수학 마녀가 돼지 삼총사와 큐리, 어스의 선생님이 되어 주었어.
"우리 주변에 있는 원에는 어떤 것이 있을까?"
수학 마녀의 말에 모두 앞다투어 대답하기 시작했어.
"동전과 공이요."
"병뚜껑이요."
데이지와 꾸리의 말을 듣던 도니가 냅다 외쳤어.
"피자랑 막대사탕이요!"

꿀꿀< 더 알아보기

우리 주변의 원

주변에서 둥글게 생긴 물체를 찾아볼까요? 동전, 공, 피자, 바퀴, 수박, 사람의 눈동자, 하늘에 떠 있는 보름달, 아침이면 동쪽에서 뜨는 해. 이렇게 많은 것들이 원 모양을 하고 있어요. 원(圓)은 둥근 모양과 형태를 뜻하는 한자어예요.

수학 마녀가 공중을 향해 지팡이로 둥근 원을 그렸어.
그러자 하늘에 비눗방울처럼 투명한 원이 둥둥 떠다니지 뭐야.
돼지 삼총사와 큐리, 어스는 신이 나서 떠다니는 원을 잡으려
껑충껑충 뛰어다녔어.
"이렇게 생긴 둥근 도형을 뭐라고 부른다고?"
"원이요!"
수학 마녀의 질문에 모두 큰 소리로 대답했어.
마녀가 말없이 웃으면서 엄지손가락을 치켜 올렸어.

꿀꿀 더 알아보기

원이란?

'원'은 평면 위의 고정된 한 점에서 같은 거리에 있는 무수한 점들을 이은 도형이에요. 원을 반으로 자른 '반원'을 한 바퀴 돌려 만들어진 입체도형 '구'와는 다르답니다. 실제로 비눗방울은 '구'지만, 못 하는 게 없는 수학 마녀는 '원'을 만들어 둥둥 띄웠답니다. 원은 내부가 텅 비어 있는 테두리만 있는 도형이에요.

수학 마녀가 하얀 도화지를 한 장씩 나눠 주었어.
"이 종이 위에 원을 정확하게 그려 보렴."
돼지 삼총사와 큐리, 어스는 종이를 놓고 각자 원을 그리기 시작했어.
"아유, 힘들어."
도니가 잘 되지 않는지 낑낑거렸어.
도니뿐 아니라 모두의 이마에 땀방울이 송골송골 맺혔어.
삐뚤빼뚤, 원을 정확하게 그리기는 만만치 않았어.
가만히 지켜보던 수학 마녀가 컴퍼스를 꺼냈어.
"자, 이걸로 그리면 원을 그리기가 쉬울 거야."
우아, 컴퍼스를 사용하니 원이 단번에 쉽게 그려졌어.
컴퍼스는 원을 그리는 마술 도구 같아!

원을 똑바로 그리기가 힘들어.

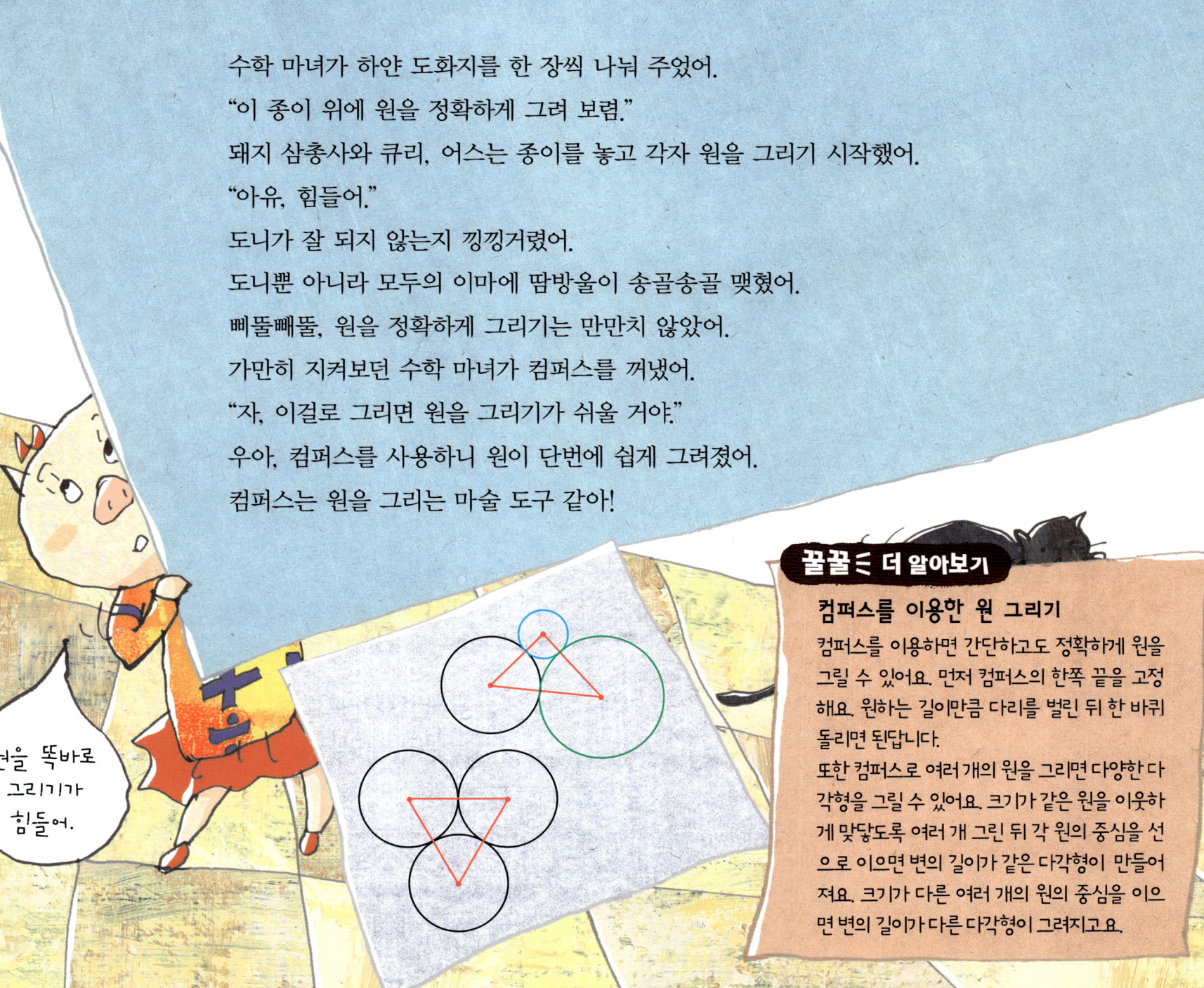

꿀꿀 더 알아보기

컴퍼스를 이용한 원 그리기

컴퍼스를 이용하면 간단하고도 정확하게 원을 그릴 수 있어요. 먼저 컴퍼스의 한쪽 끝을 고정해요. 원하는 길이만큼 다리를 벌린 뒤 한 바퀴 돌리면 된답니다.
또한 컴퍼스로 여러 개의 원을 그리면 다양한 다각형을 그릴 수 있어요. 크기가 같은 원을 이웃하게 맞닿도록 여러 개 그린 뒤 각 원의 중심을 선으로 이으면 변의 길이가 같은 다각형이 만들어져요. 크기가 다른 여러 개의 원의 중심을 이으면 변의 길이가 다른 다각형이 그려지고요.

"얘들아, 여기를 뭐라고 하는지 아니?"
수학 마녀가 컴퍼스 끝에 달린 바늘이 찍은 곳을 가리키며 물었어.
"원의 중심이요!"
큐리가 손을 번쩍 들고 말했어.
"그렇지, 그리고 원의 중심에서 원 위의 한 점을 찍은 다음
서로 이으면 이게 바로 반지름이란다."
수학 마녀의 말을 듣고는 어스가 생각이 난 듯 말했어.
"반지름은 지름의 반이니까 지름은 중심을 지나서 반대쪽 점까지 쭉 이으면 되겠네요."
"호호호, 어떻게 알았니? 맞아. 그게 지름이란다."
마녀가 어스의 머리를 쓰다듬으며 말했어.

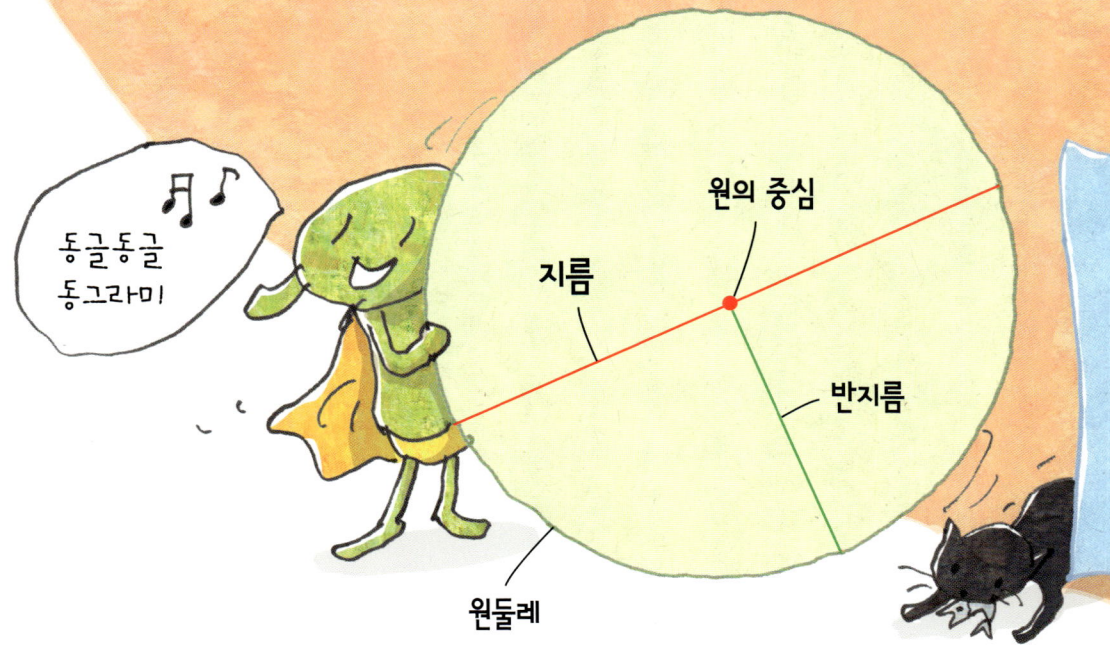

꿀꿀 더 알아보기

원의 반지름과 지름

원의 중심과 원 위의 한 점과의 거리를 '반지름'이라고 해요. 원의 중심에서 원 위의 어떤 점과 잇더라도 모두 길이가 같지요. 원의 중심을 지나는 선은 '지름'이라고 해요. 지름의 길이는 반지름 길이의 두 배예요. 만약 원의 반지름이 5cm라면 지름은 10cm가 되지요.

"이번에는 원 위에 여러 가지 직선을 그려 볼까?"
수학 마녀가 새로운 제안을 했어.
돼지 삼총사는 저마다 원 위에 서로 다른 두 점을 찍어 연결했어.
어떤 직선은 중심을 지나기도 하고 어떤 직선은 중심을 비켜 가기도 했지.
"지금 너희가 그리는 직선을 '현'이라고 부른단다.
현을 경계로 나타나는 원둘레의 둥근 일부를 '호'라고 부르지."
"현? 호?"
돼지 삼총사와 큐리, 어스는 고개를 갸웃거렸어.
수학 마녀는 싱긋 웃더니 자세히 그림을 그리며
설명을 시작했어.

꿀꿀< 더 알아보기

원의 현과 호

원 위의 서로 다른 두 점 A와 B를 연결한 직선을 '현'이라고 해요. 원에서는 길이가 서로 다른 현을 얼마든지 그릴 수 있지요. 또 왼쪽 그림처럼 원 위에 두 점을 잡으면 그 점을 기준으로 초록색과 파란색으로 나뉘어요. 이렇게 나뉜 원둘레의 일부를 각각 '호'라고 부르지요. 호를 나타내는 기호는 생긴 모양을 그대로 본떠 $\overset{\frown}{AB}$라고 씁니다. 보통 $\overset{\frown}{AB}$라고 하면 길이가 짧은 파란색 부분을 나타내고, 초록색 부분은 그림과 같이 중간에 적당히 한 점 C를 찍어로 $\overset{\frown}{ACB}$로 나타내지요.

원을 똑바로 그리고 현과 호를 나타내거라.

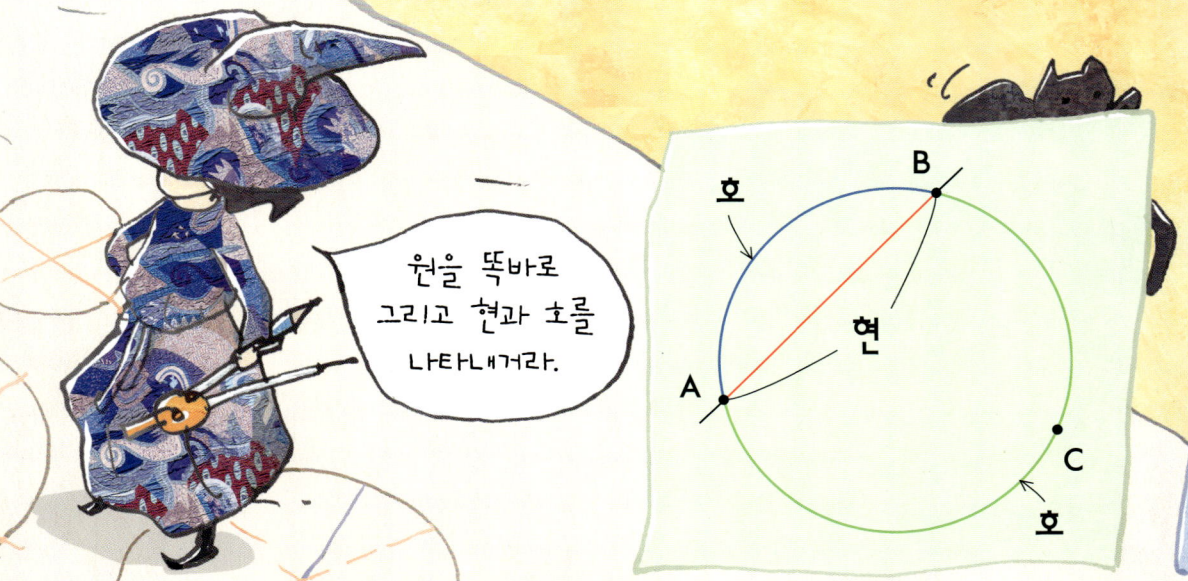

"가장 긴 현을 찾아보자."
수학 마녀의 말에 돼지 삼총사와 큐리, 어스는 자신이 그린 여러 개의 현을 하나씩 자로 재기 시작했어.
"아무리 재어 봐도 지름이 가장 길어요."
도니가 대답하자 수학 마녀가 빙그레 웃으며 물어보았어.
"오호, 제법이구나. 어떻게 알았지?"
"헤헤, 피자 나눌 때 지름으로 나누면 가장 크거든요."
"하하하!"
도니의 엉뚱한 대답에 모두 배꼽을 잡고 웃었어.

꿀꿀 ≶ 더 알아보기

가장 긴 현은?
원 위의 어떤 두 점이든 이어서 그리는 현은 얼마든지 많이 또 다양한 길이로 그릴 수 있어요. 그러나 가장 긴 현은 바로 원의 중심을 지나는 현이에요. 이렇게 원의 중심을 지나는 현을 '지름'이라고 하지요. 지름은 현이지만 지름을 원의 중심으로 딱 자른 반지름은 현이 아니에요.

"이제 중심각에 대해 알아볼까?"

"원에도 각이 있나요?"

수학 마녀가 말을 마치자 데이지가 눈이 동그래졌어.

"그럼. 이렇게 하면 여기가 몇 도일까?"

수학 마녀가 둥근 원을 반으로 싹둑 자르고는 물었어.

"흠, 180도가 되네요."

똑똑한 큐리가 빤히 보더니 대답했어.

"그렇지. 그럼 반원이 아닌 원이라면?"

"360도요!"

어스의 대답에 수학 마녀가 흐뭇하게 웃었어.

"딩동댕! 이게 바로 원의 중심각이란다. 중심각은 원의 중심에서 만들어지는 각이야."

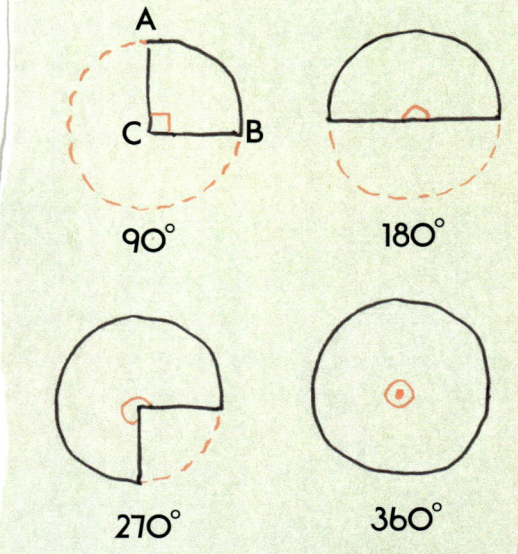

꿀꿀 더 알아보기

원의 중심각

원의 중심에서 만들어지는 각을 원의 '중심각'이라고 해요. 원의 두 반지름이 만드는 각이지요. 컴퍼스를 콕 찍어 원의 중심을 잡은 뒤, 한 바퀴 즉 360°를 돌리면 '원'이 만들어져요. 하지만 반 바퀴 즉 180°만 돌리면 반만 그려지는데, 이것을 반원이라고 하지요. 원을 얼마큼 그리느냐에 따라 중심각의 크기가 달라진답니다.

수학 마녀가 갑자기 주머니에서 부채를 꺼내 들었어.

"이게 뭔지 아는 사람?"

꾸리가 당연하다는 듯이 대답했어.

"부채잖아요. 덥지도 않은데 웬 부채예요?"

"자, 부채 모양을 잘 보렴. 호와 중심각의 관계를 알아볼 거거든."

수학 마녀는 부채를 천천히 접었다 펼쳐 보였어.

"중심각의 크기가 커지려면 어떻게 해야 할까?"

곰곰이 생각하던 데이지가 손을 들고 말했어.

"부채를 펴야 하니까 호의 길이를 길게 하면 돼요."

"아주 잘했어, 바로 그거란다."

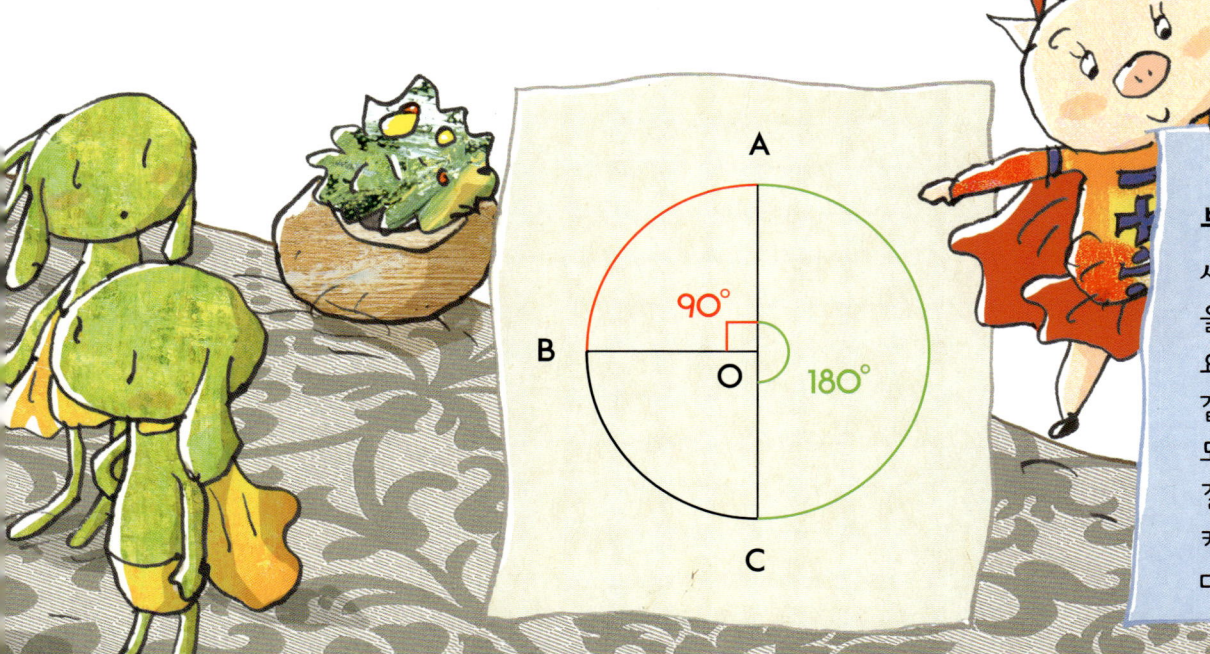

꿀꿀 더 알아보기

부채꼴과 원의 중심각

서로 다른 두 반지름과 호로 둘러싸인 도형을 부채를 닮았다고 해서 '부채꼴'이라고 해요. 호의 길이가 같은 부채꼴은 중심각이 같아요. 중심각이 같은 부채꼴은 호의 길이도 같지요. 호의 길이가 긴 부채꼴은 호의 길이가 짧은 부채꼴보다 중심각의 크기가 커요. 왼쪽 그림에서처럼 빨간색 ∠AOB보다 초록색 ∠AOC가 더 크지요.

"이제 무기를 되찾으러 원형 요새로 떠나자."
수학 마녀의 말에 돼지 삼총사는 가슴이 콩닥콩닥 뛰기 시작했어.
"자, 원에다가 접선을 그리렴.
그럼 마술 빗자루가 접선을 따라서 우리를 원형 요새로 데려다줄 거야."
"접선이요? 접선이 뭐예요?"
도니가 물었어. 나머지 친구들도 고개를 갸웃거렸어.

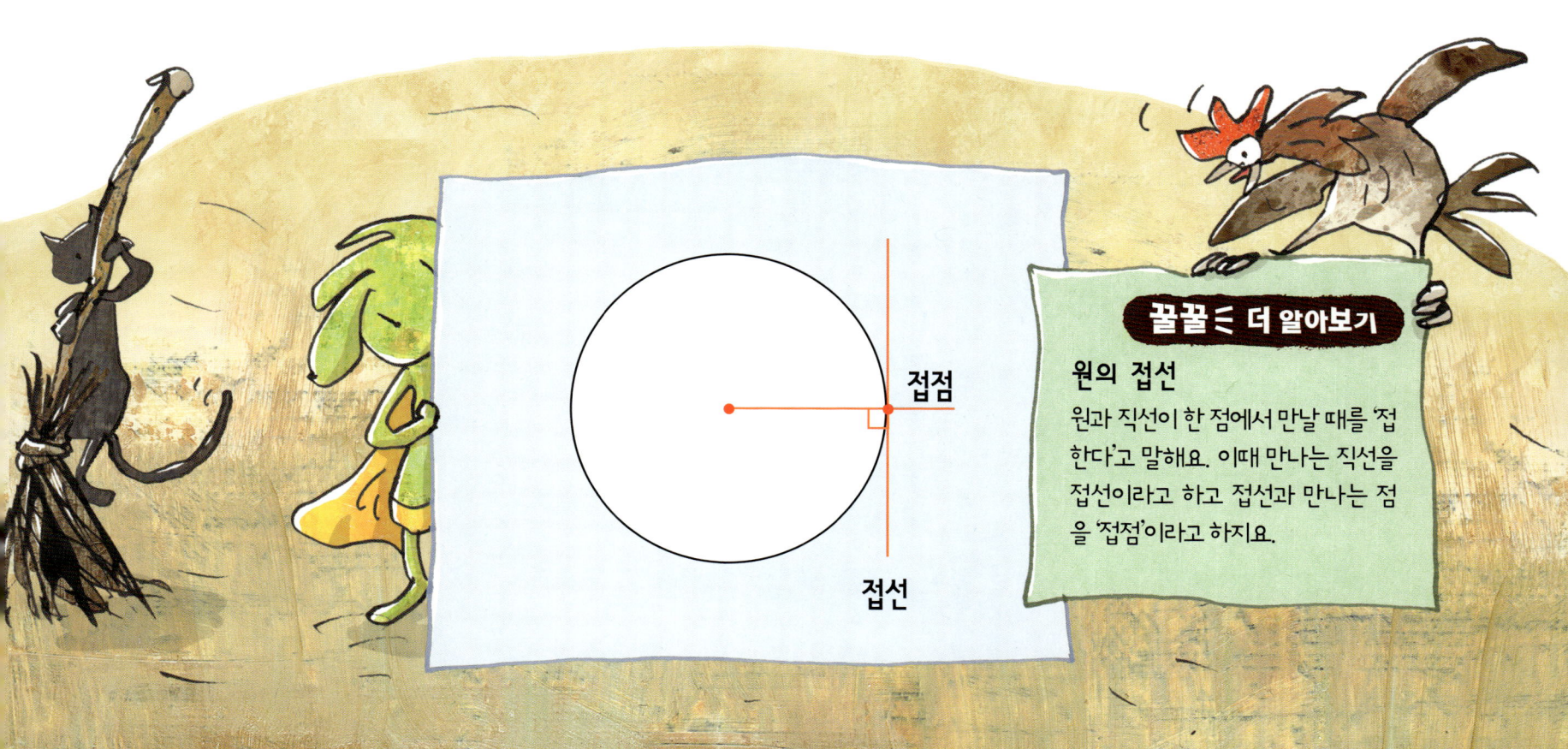

꿀꿀 ≋ 더 알아보기

원의 접선
원과 직선이 한 점에서 만날 때를 '접한다'고 말해요. 이때 만나는 직선을 접선이라고 하고 접선과 만나는 점을 '접점'이라고 하지요.

수학 마녀가 접선을 설명하자 모두 고개를 끄덕였어.

"그렇다면 제가 그려 볼게요."

도니가 씩씩하게 앞으로 나섰어.

"도니야, 정확하게 그려야 해. 잘못 그리면 우린 엉뚱한 곳으로 가고 말 거야."

어스의 말에 도니가 주춤거렸어.

"겁먹을 필요 없어. 접선은 반지름과 수직이 된다는 성질을 이용하면 돼."

수학 마녀의 말에 도니가 용기를 내 접선을 그렸어.

그러자 어디선가 수학 마녀의 마술 빗자루가 날아왔어.

"원형 요새로 출발!"

수학 마녀의 말이 떨어지자마자 마술 빗자루가 슈웅 날아갔어.

꿀꿀 더 알아보기

원의 접선 그리기

원의 접선은 접선과 반지름의 관계를 이용하면 아주 쉬워요. 원의 접선은 반드시 반지름과 수직이 되어야 하므로 반지름을 그어 반지름과 90°가 되는 선분을 그리면 되지요.

원형 요새는 하늘에서 더 선명하게 보였어.
"와, 저기예요. 원 바깥으로 정사각형의 테두리가 있어요."
데이지가 요새를 가리키며 말했어.

"원형 요새는 내접원이란다."
"내접원이요? 내접원이 뭔가요?
꾸리가 물었어.
"안에 있는 원이란 뜻이지."
"그럼 밖에 있다면 외접원?"
"그렇지. 잘 잡으렴. 곧 착륙한다."
꾸리의 계속되는 질문에 답하며 수학 마녀가
마술 빗자루를 착륙시켰어.

꿀꿀= 더 알아보기

내접원과 외접원

어떤 다각형의 모든 변과 원이 접할 때, 그 원을 다각형의 '내접원'이라고 해요. 말 그대로 다각형 안에 꼭 맞게 접하는 원이라는 뜻이지요. 모든 변이 원에 접하지 않으면 내접원이라고 할 수 없어요. 그럼 외접원은 무엇일까요? 다각형의 모든 꼭짓점이 한 원 위에서 있을 때, 그 원을 '외접원'이라고 해요. 마치 원이 바깥에서 따뜻하게 다각형을 덮어 주는 것 같지요.

아이들은 원형 요새를 구경하느라 정신이 없었어.
요새의 성벽은 흙으로 지어졌고 두께가 두껍고 튼튼했어.
"왜 요새는 네모나 세모가 아닌 원형일까요?"
꾸리가 한참을 구경하더니 물음표가 가득한 표정으로 물었어.
"옛날 사람들은 원이 가장 완벽한 도형이라고 생각했단다.
게다가 원형으로 지으면 벽을 쌓을 때 벽돌이나 흙이 적게 들거든."
수학 마녀의 친절한 설명에 모두 고개를 끄덕였어!

이집트인은 바퀴를 굴려 원의 둘레를 쟀어요.

꿀꿀 더 알아보기

바이킹의 원형 요새

돼지 삼총사와 큐리, 어스가 있는 요새는 981년경에 바이킹이 세운 트렐레보 원형 요새와 닮았어요. 지금도 스웨덴에 그 흔적이 남아 있답니다. 요새의 안쪽 지름은 136m, 성벽의 두께는 19m나 된다고 해요. 이 밖에도 15세기와 16세기 유럽의 도시는 대부분 원형 도시였어요. 도시 설계가들은 원 모양이 조화롭고 완벽한 이상적 도시의 모습이라고 생각했어요.

"얘들아, 미안하지만 나는 이제 사라져야겠구나."
수학 마녀가 말했어.
"네? 그럼 저희만 요새 안으로 들어가야 하나요?"
데이지가 겁먹은 표정으로 눈물을 글썽거렸어.
"사자가 지키고 있는 한 나는 들어갈 수 없단다.
지금 사자는 분명 원주율을 구하느라 전전긍긍하고 있을 거야.
원주율이 무한 소수라는 것도 모르고, 바보 같이 말이지."

"엥? 원주율이 뭐예요?"
언제 가져왔는지 해바라기씨를 먹던 도니가 질문했어.
"아차, 내가 가장 중요한 원주율 이야기를 잊었구나."
수학 마녀가 이마를 쳤어.
마녀는 원주율에 관한 설명을 시작했어.

파이?

꿀꿀 더 알아보기

원주율

'원주율'은 원의 지름과 원의 둘레 사이에 있는 일정한 비율이에요. 옛날 수학자들이 원의 둘레를 지름으로 나누었더니 원의 크기가 어떠하든 항상 같은 값이 나온다는 사실을 알게 되었어요. 하지만 이 비율을 숫자로 기록하려고 보니, 3.141592653589…… 로 숫자가 계속 끝도 없이 이어지는 무한 소수이지 뭐예요. 그래서 π라는 문자로 표현하고 '파이'라고 읽기로 했지요. π는 원의 둘레를 뜻하는 그리스어 'periphery'의 첫 음에서 만든 말이에요. 초등학교에서는 π 대신 근삿값인 3.14를 사용해요.

돼지 삼총사와 큐리, 어스는 용기를 내 지하 창고로 들어갔어.
"으르렁, 누구냐? 누군데 감히 신성한 이곳에서 시끄럽게 떠드느냐?"
돼지 삼총사 앞으로 무섭게 생긴 사자가 성큼성큼 다가오고 있었어.
"우, 우린 그러니까 지하에 볼, 볼 일이 있어서……."
꾸리가 나섰지만 겁에 질려 말을 잇지 못했어.
"안 그래도 원주율을 구하느라 머리가 지끈지끈하다.
신경 쓰이게 하지 말고 여기서 썩 나가거라!"

"원주율이라고요? 그 정도는 우리가 도와줄 수 있어요."
큐리가 씩씩하게 말했어.
역시 수학 마녀 말대로 사자는 끝이 없는 원주율을 구하고 있었어.
"흥. 네 까짓 게 원주율을 안다고? 그럼 어디 한번 말해 보거라."
"잘 들으세요! 그러니까 파이는 3.14159265358979323846264 3383……"
큐리가 숫자를 외기 시작했어.
쉼 없이 외는 숫자는 온종일해도 끝이 날 것 같지 않았어.
기다리다 지친 사자가 두 손 두 발 다 들고 말았지.

꿀꿀 더 알아보기

아르키메데스가 구한 원주율

고대부터 많은 수학자들은 원주율(π)을 구하기 위해 노력했어요. 그중에서도 원주율 이론을 체계화시킨 사람은 그리스의 수학자 아르키메데스예요. 아르키메데스는 원에 내접하는 정구십육각형과 외접하는 정구십육각형을 그려서 그 넓이를 계산했어요. 그 결과 원둘레가 내접하는 정구십육각형보다 크고 외접하는 정구십육각형보다 작다는 것을 알아냈어요. 즉, 아르키메데스가 구한 원주율은 3.14084보다 크고 3.142858보다는 작았답니다.

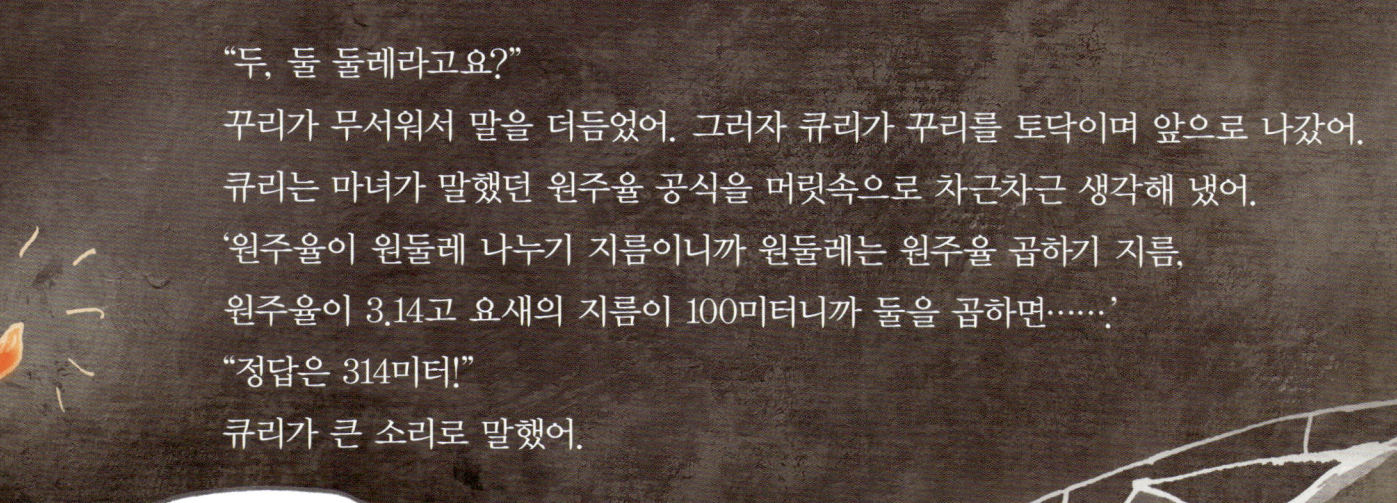

"두, 둘 둘레라고요?"

꾸리가 무서워서 말을 더듬었어. 그러자 큐리가 꾸리를 토닥이며 앞으로 나갔어. 큐리는 마녀가 말했던 원주율 공식을 머릿속으로 차근차근 생각해 냈어.

'원주율이 원둘레 나누기 지름이니까 원둘레는 원주율 곱하기 지름, 원주율이 3.14고 요새의 지름이 100미터니까 둘을 곱하면……'

"정답은 314미터!"

큐리가 큰 소리로 말했어.

꿀꿀ミ 더 알아보기

원의 둘레 구하기

원둘레는 '원주'라고도 해요. 원주에서 원의 지름을 나누면 일정한 비율 즉 원주율(π)을 구할 수 있어요. 이 사실을 이용하면 원의 둘레를 구할 수 있답니다.

원주율(π)=원주÷지름

→ 원주=원주율(π)×지름

지름이 100m인 요새의 둘레는 3.14×100=314m가 되지요.

사자는 입맛을 쩍쩍 다시며 콧김을 세게 뿜어 댔어.
"씩씩, 이번엔 어림없지. 요새의 넓이를 구하라. 이것이 두 번째 문제다!"
"엥? 원의 넓이를 구하라고?"
도니는 눈앞이 깜깜해졌어. 이번에는 수학 박사 큐리도 모르는 것 같아.
그때 어스가 땅바닥에 무엇인가를 그리기 시작했어.
도니가 어스 옆으로 가 물었어.

"원의 넓이를 구하는데 왜 직사각형을 그리니?"
"원을 한없이 잘게 잘라 붙이면 직사각형 모양이 돼."
어스의 말에 돼지 삼총사가 환하게 웃었어.
"흐흐흐, 이제 그만 포기하고 나의 밥이 되는 게 어때?"
사자가 금방이라도 달려들 기세로 앞발을 높이 들어 올렸어.
"잠깐, 답은 7,580제곱미터다!"
"아니! 답을 맞히다니. 이놈들 보통이 아니군."
기가 눌린 사자는 아무 말 없이 슬그머니 사라졌어.

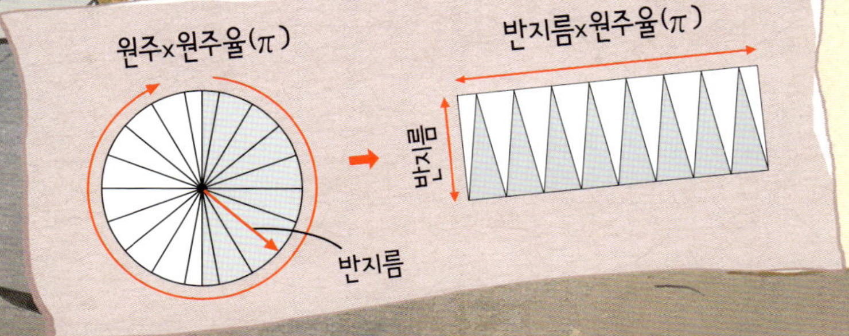

꿀꿀~ 더 알아보기

원의 넓이 구하기

왼쪽의 그림처럼 원을 한없이 잘게 잘라 이어 붙이면 가로가 원주의 $\frac{1}{2}$이고, 세로가 원의 반지름과 같은 직사각형 모양에 가까워져요. 따라서 원의 넓이는 이 직사각형의 넓이와 같게 되지요. 그래서 직사각형의 넓이를 구하는 방법으로 원의 넓이도 구할 수 있어요. 원의 넓이를 공식으로 한번 볼까요?

〈원의 넓이 구하는 식〉

원의 넓이 = 원주율(π) × 반지름 × 반지름

= 원주의 $\frac{1}{2}$ × 반지름

꿀꿀꿀! 역사 속의 원주율(π)

세계 역사 속에 원주율(π)은 얼마로 기록되어 있을까요?

고대 구약 성경에는 원주율(π)이 3으로 기록되어 있어요. 로마 시대에서의 원주율(π)은 3과 $\frac{1}{7}$ ~ 3과 $\frac{1}{8}$ 사이에 있다고 생각했어요.

동양에서 원주율(π)을 가장 정확하게 알아낸 최초의 사람은 중국 송나라 시대의 조충지예요. 조충지는 2만 4천 576각형을 통하여 원주율(π)이 $\frac{355}{113}$ 라는 것을 알아냈지요. $\frac{355}{113}$ 을 소수로 바꾸면 3.1415929가 되지요. 5세기에 소수점 아래 7자리까지 정확히 알아내다니 정말 대단하죠?

16세기 후반 독일의 수학자 루돌프 반 쾰런은 원주율(π)을 계산하느라 평생을 바쳤어요. 루돌프는 320억각형을 통하여 원주율(π)을 소수점 아래 35자리까지 계산했어요. 그렇다면 현재 원주율은 소수점 아래 몇 자리까지 밝혀졌을까요? 2011년 일본의 회사원이 무려 10조 자리까지 계산해서 기네스북에 올랐어요. 지금 이 순간에도 세계의 많은 수학자들이 신비의 숫자 원주율(π)을 계산하고 있답니다.

〈퀴즈〉

도니가 지름이 40cm인 피자를 8등분 한 것 중에서 2조각을 먹었어요. 도니가 먹은 피자의 넓이와 둘레의 길이를 구하세요.

정답: 넓이 31.4cm², 둘레 11.4cm

풀이:
(피자 2조각의 넓이) = 원주율(π) × 반지름 × 반지름 × $\frac{2}{8}$
= 3.14 × 20 × 20 × $\frac{2}{8}$
= 31.4cm²

(피자 2조각의 둘레) = 원주 × $\frac{2}{8}$ + 반지름 + 반지름
= 원주율(π) × 지름 × $\frac{2}{8}$ + 반지름 + 반지름
= 2 × 3.14 × 20 × $\frac{2}{8}$ + 40
= 11.4cm

돼지 삼총사와 큐리, 어스는 지하 창고의 문을 열었어.
"와, 저기 무기가 있어!"
맨 먼저 내려간 어스가 소리쳤어.
"근데 모양이 좀 이상한걸."
"무기라면 총이나 대포 같은 건 줄 알았는데 이건 모양이 다르네."
도니와 데이지가 무기 모양에 고개를 갸웃거렸어.
"총이나 대포는 지구의 무기야.
우리 매틱 별에서는 천재 수학자 아르키메데스가 만든 무기를 사용하지.

이게 투석기고 저것은 회전 크레인, 저기 저것은 거울 광선……"
큐리가 신이 나서 이리저리 돌아다니며 설명했어.
"자, 이제 무기를 찾았으니 어서 돌아가서 마왕을 무찔러야지."
수학 마녀가 어느 틈에 나타나 활짝 웃으며 말했어.
돼지 삼총사와 큐리, 어스 모두 힘차게 한목소리로 대답했어.
"네!"
마왕과 한판 승부는 이제부터 시작이야!

승부는 이제부터야.

꿀꿀 더 알아보기

아르키메데스가 만든 무기
- 투석기 : 돌을 날리는 기계로 발사 거리가 조절되며 이동이 가능하다.
- 회전 크레인 : 배를 들어 올려 침몰시킬 때 사용된다.
- 거울 광선 : 거울로 햇빛을 모아 적군의 배에 불을 붙일 때 사용한다.

용감한 돼지 삼총사와 떠나는 창의적 수학 교과서

돼지학교 수학

돼지학교 수학 시리즈는 초등 수학의 다섯 가지 영역인 수와 연산, 도형, 측정, 규칙성, 확률·통계의 기초를 다지면서 여러 가지 현상과 생활이 연결된 수학적 의미와 수학의 역사, 수학자 이야기, 생활 속 수학 등을 스토리텔링 방식으로 익힐 수 있게 구성된 수학 책입니다. 돼지 삼총사와 함께 떠나는 신 나는 수학 여행! 그 속에서 여러 가지 미션을 수행하며 자연스럽게 창의적 문제해결 능력을 키울 수 있습니다.

한 권 한 권 읽을 때마다 수학 지식이 차곡차곡!

실생활 속 숨어 있는 수학 원리가 머리에 쏙쏙!

돼지 삼총사와 떠나는 모험으로 수학적 문제해결 능력이 쑥쑥!

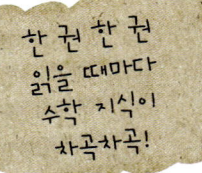

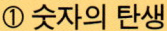

① 숫자의 탄생　⑥ 다양한 연산법　⑪ 측정의 단위　⑯ 비와 비율
② 고대 숫자　　⑦ 평면도형　　　⑫ 시간과 시각　⑰ 집합
③ 약수와 배수　⑧ 입체도형　　　⑬ 통계와 그래프　⑱ 자연 속 수학
④ 분수와 소수　⑨ 다각형　　　　⑭ 확률　　　　　⑲ 예술 속 수학
⑤ 사칙 연산　　⑩ 원과 원주율　　⑮ 함수　　　　　⑳ 역사 속 수학

용감한 돼지 삼총사와 떠나는 창의적 융합과학 교과서

돼지학교 과학

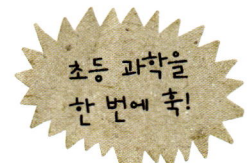
초등 과학을 한 번에 쏙!

초등 과학의 네 가지 영역인 생명, 지구와 우주, 물질, 운동과 에너지 분야를 모두 학습할 수 있도록 구성되었습니다. 꼭 알아야 할 초등 과학 지식을 주제별로 한 권에 하나씩 담아 초등 과학 과정 전체를 선행 학습할 수 있게 도와줍니다.

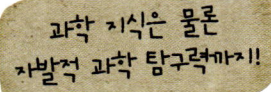
과학 지식은 물론 자발적 과학 탐구력까지!

다양한 모험 속에서 돼지 삼총사가 여러 가지 미션을 수행하는 과정을 통해 초등 과학 지식뿐만 아니라, 어린이들이 그 지식을 바탕으로 좀 더 깊고 넓게 학습할 수 있는 자발적 과학 탐구력까지 길러 줍니다.

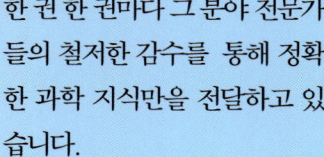
전문가의 손길이 닿은 정확한 내용

한 권 한 권마다 그 분야 전문가들의 철저한 감수를 통해 정확한 과학 지식만을 전달하고 있습니다.

① 똥 속에 빠진 돼지 소화와 배설
② 우주로 날아간 돼지 태양계와 별
③ 물 속에 빠진 돼지 물의 순환
④ 빛 속으로 날아간 돼지 빛과 소리
⑤ 뇌 속에 못 들어간 돼지 뇌의 구조와 기능
⑥ 뼈 속까지 들여다본 돼지 뼈의 구조와 기능
⑦ 달에 착륙한 돼지 지구와 달
⑧ 구름을 뚫고 나간 돼지 날씨와 기후 변화
⑨ 줄기 속으로 들어간 돼지 식물의 종류와 한살이
⑩ 개미지옥에 빠진 돼지 곤충의 한살이
⑪ 갯벌을 찾아 나선 돼지 갯벌의 동식물과 생태
⑫ 자동차 속으로 들어간 돼지 교통수단의 발달과 원리
⑬ 미생물을 먹은 돼지 미생물의 종류와 하는 일
⑭ 땅속을 뚫고 들어간 돼지 지층과 화석
⑮ 알을 주워 온 돼지 알과 껍데기
⑯ 열 받은 돼지 핵과 에너지
⑰ 로켓을 버리고 날아간 돼지 로켓과 우주선
⑱ 고래를 따라간 돼지 고래의 종류와 생태
⑲ 마술 부리는 돼지 산과 염기
⑳ 로봇 속으로 들어간 돼지 로봇의 원리와 하는 일